CW00373314

ICONS

LOS INDIOS DE NORTEAMÉRICA

INDIANI

OS ÍNDIOS NORTE-AMERICANOS

RL 2001/06

HANS CHRISTIAN ADAM

LOS INDIOS
DE NORTEAMÉRICA

INDIANI

OS ÍNDIOS
NORTE-AMERICANOS

EDWARD S. CURTIS

TASCHEN

KÖLN LONDON MADRID NEW YORK PARIS TOKYO

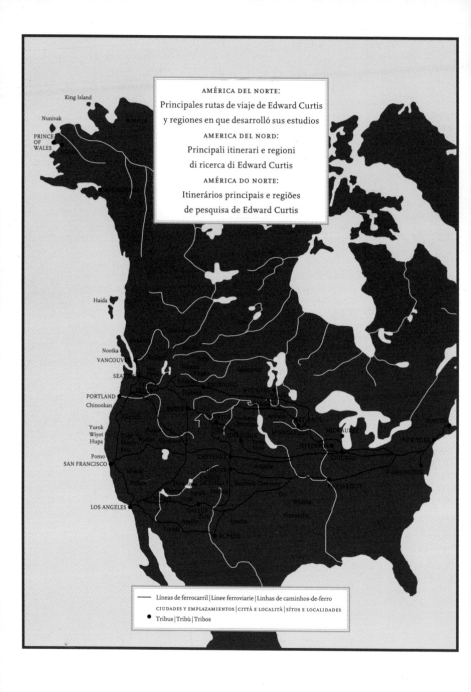

AMÉRICA DEL NORTE:
Principales rutas de viaje de Edward Curtis
y regiones en que desarrolló sus estudios

AMERICA DEL NORD:
Principali itinerari e regioni
di ricerca di Edward Curtis

AMÉRICA DO NORTE:
Itinerários principais e regiões
de pesquisa de Edward Curtis

King Island
Nunivak
PRINCE
OF
WALES

Haida
Nootka
VANCOUVER
SEATTLE
PORTLAND
Chinookan
Yurok
Wiyot
Hupa
Pomo
SAN FRANCISCO
LOS ANGELES

BROWNING
WINNIPEG
Arikara
Northern Cheyenne
CHEYENNE
Arapaho
CANON DE CHELLY
Southern Cheyenne Oto
Wichita
GALLUP Zuni
Comanche
Apache
Papago
EL PASO

ST. PAUL
MINNEAPOLIS
MILWAUKEE
JEFFERSON
CHICAGO
BOSTON
NEW YORK
WASHINGTON

——— Líneas de ferrocarril | Linee ferroviarie | Linhas de caminhos-de-ferro
CIUDADES Y EMPLAZAMIENTOS | CITTÀ E LOCALITÀ | SÍTOS E LOCALIDADES
● Tribus | Tribù | Tribos

Índice
Indice
Índice

En busca del tiempo perdido

Edward S. Curtis
y los indios de Norteamérica

Cuando, en un libro, en una revista o en un cartel, descubrimos una fotografía en blanco y negro de aspecto anticuado, en la que aparece un indio solitario en la inmensidad de la pradera, un jefe tocado con un penacho de plumas o una *squaw* delante de un *tipi*, no es improbable que se trate de una obra de Edward Sheriff Curtis (1868–1952). Sus fotografías no solo se corresponden con las nociones que nos hemos formado de los indios de Norteamérica, sino que estas se deben en gran parte a ellas. Las imágenes que tomó Curtis muestran a los indios, tales como probablemente fueron, o quizá más bien como deseamos que hayan sido.

Ningún otro fotógrafo ha dedicado a este tema una obra de tanta extensión. Desde comienzos de siglo, y por un espacio de más de treinta años, Curtis tuvo como objetivo plasmar, en imágenes y en textos, las últimas tradiciones de las tribus indias. Dedicó gran parte de su vida a estudiar su vida y sus costumbres, su historia y sus leyendas. De este modo, el fotógrafo se convirtió en etnógrafo.

Su trabajo de decenios desembocó en la enciclopedia *The North American Indian*, que constaba de veinte tomos, con amplios textos y más de 2.200 fotografiados. Esta obra se publicó, con una tirada muy reducida, entre 1907 y 1930, a un precio de 3.000 dólares. La enciclopedia cubre toda la América al norte de la frontera mexicana y al oeste del Mississippi, con lo que no solo es una de las publicaciones históricas más importantes que existen sobre los indios, sino también uno de los libros más bellos del mundo, encuadernada en piel y con cantos de oro, perfectamente impresa en papel de alto gramaje. Cada uno de los 20 volúmenes de texto —una unidad en sí mismo, ilustrado con unas 75 planchas de 14 x 19 cm y en ocasiones con gráficas y mapas— estaba dedicado a una tribu o a una serie de tribus topográficamente vecinas o étnicamente emparentadas. Cada uno de los volúmenes iba acompañado de una carpeta tamaño folio, que constaba por regla general de 36 grandes grabados de aprox. 30 x 40 cm. Los fotograbados salieron al comercio también como separata; a su alta calidad se debe la fama de Curtis como fotógrafo.

La celebridad de Curtis alcanzó probablemente su cima entre 1905 y 1914. Cuando salió a la luz el último volumen de su enciclopedia, en 1930, ya solo era familiar a unos pocos especialistas. Edward Sheriff Curtis procedía de una familia sencilla y nació en una granja de Whitewater (Wisconsin) en 1868. Su padre, inválido de la guerra civil, era predicador; Edward Sheriff lo acompañaba a veces en los amplios viajes que realizaba para atender a su comunidad, a lomos de caballo durante varios días por la pradera; de este modo, conoció pronto la vida al aire libre. Edward solo asistió durante seis años a la escuela. Parece que se dedicó muy pronto autodidácticamente a la fotografía e hizo un aprendizaje en St. Paul (Minnesota). Después de la prematura muerte de su padre, la familia se estableció en Seattle, en el estado de Washington, donde el joven Curtis, después de varios intentos, abrió un estudio fotográfico que no tardaría en crecer. Este estudio, especializado en retrato, en el que se retrataron personalidades como la bailarina rusa Anna Pawlowa (1881–1931) y el Premio Nobel de Literatura Rabindranath Tagore (1861–1941), se convirtió en un negocio floreciente.

Hacia 1890, Curtis comenzó a fotografiar los alrededores de Seattle, p.ej. a los indios del cercano estuario de Puget o las cimas del cercano Monte Rainier, terreno que conocía muy bien, pues trabajaba también de guía. En 1898 se encontró casualmente con un grupo de científicos que se habían perdido y a los que llevó a un lugar seguro. Este encuentro cambiaría su vida, pues al año siguiente le proporcionaron un encargo muy interesante: acompañar, en condición de fotógrafo oficial, la expedición del magnate del ferrocarril Edward Harriman a Alaska. Durante el viaje, Curtis conoció a algunos científicos norteamericanos muy prestigiosos, que le permitieron formarse una idea de las bases del trabajo científico. Entre los participantes se encontraba el etnógrafo y experto en indios George Bird Grinnell (1849–1938), a quien Curtis acompañó, en 1900, a Montana, donde tuvo la oportunidad de vivir entre indios y de fotografiarlos. Su asistencia a la danza del sol de las tribus Sangres, Pies Negros y Algonquin se convirtió en una segunda experiencia clave, después de su participación en la expedición de Harriman.

A pesar de su creciente entusiasmo por los indios, al comienzo de su actividad, Curtis sabía poco sobre ellos y compartía el prejuicio de los blancos, que tachaban sus creencias de superstición. Pero ya se había estimulado el deseo de saber más sobre cada tribu. Para sus primeras fotografías, pidió a los indios que reprodujeran batallas famosas y que representaran ceremonias, e intentó eliminar todos los signos de adaptación a la cultura del hombre blanco. Sus modelos indios, que en su mayoría habitaban en reservas, posaban gustosamente, como si quisieran retener el pasado, esa vida al parecer sin preocupaciones y esa espiritualidad de la que les habían privado los blancos.

La idea de crear una amplia documentación sobre la vida tradicional de las tribus indias de Norteamérica surgió hacia 1903. Curtis trazó el plan de plasmar sistemáticamente, en textos e imágenes, la historia de todas las tribus indias, su vida, sus ceremonias, sus leyendas y sus mitos. Los campos que pretendía explorar eran el lenguaje, la organización social y política, el entorno geográfico, el hábitat, la vestimenta, la adquisición y la preparación de la comida, pesos y medidas, las tradiciones religiosas, así como rituales y ceremonias en el nacimiento, el matrimonio y la muerte, además de juegos, música y bailes.

Hasta 1928, Curtis visitó más de 80 tribus indias. Para hacer justicia a la tarea que él mismo se había planteado, tuvo que fotografiar, desde un principio y durante muchos años, hiciera frío o calor, con un tiempo extremadamente seco o nevando. Se dedicó a la agotadora labor de convencer a los indios para que apoyaran su plan.

Debido a su curiosidad e ignorancia, durante sus viajes de investigación Curtis lesionó involuntariamente algunas leyes no codificadas, por lo que los indios le recibieron fríamente. A pesar de que llegó a dominar varias lenguas indias, le pareció ventajoso —teniendo en cuenta las iniciales adversidades— contar con un miembro de la tribu que le sirviera de asesor y de intérprete. Con el tiempo, Curtis ganó la confianza y la amistad de los indios, que le consideraron cada vez más como el cronista de sus tradiciones. Como las tribus norteamericanas no poseían documentos escritos, Curtis concedió especial atención a la tradición oral. Estudió las biografías de los más importantes jefes, guerreros, hechiceros y sacerdotes. Con la ayuda de uno de los primeros aparatos de cilindro de cera Edison, grabó música, que transcribió a notas. Hacia el final de su empresa, Curtis consiguió que algunas tribus con las que trataba de establecer contacto desde hacía años, le hicieran saber que ahora era bienvenido: eran conscientes de que únicamente poseían tradiciones orales y que Curtis y sus colaboradores eran los únicos que se interesaban en documentarlas, en imágenes y en palabras.

Aunque las fotografías de los indios de Curtis ya eran muy conocidas a principios de siglo XX, el ambicioso proyecto del fotógrafo no se podía financiar solo con su venta. Por esto, resultó providencial que el presidente Theodore Roosevelt conociera los trabajos de Curtis y estableciera un contacto con el financiero John

Pierpont Morgan (1837–1913). El mecenas Morgan apoyó a Curtis proporcionándole una especie de beca que supuso la piedra fundacional de la publicación, pero que no fue suficiente para terminar el proyecto.

De este modo, Curtis se vio obligado a conseguir otras fuentes de financiación; pronunció conferencias y publicó artículos en numerosos periódicos y revistas, lo que dio a conocer sus fotografías como obras maestras. En 1914, Curtis rodó *En el país de los cazadores de cabezas*, un filme sobre la vida de los indios en la costa noroeste del Pacífico. El hecho de que en el centro del filme se encuentre una etnia india, que define toda la dramaturgia, era algo nuevo en la historia del cine.

Solo recientemente se ha reconocido la importancia de Curtis como autor e «investigador de los indios». Los contemporáneos reaccionaron de muy diversas formas con respecto al proyecto. A pesar del apoyo político que recibió de Roosevelt, el proyecto de Curtis no obtuvo subvenciones públicas. Los etnólogos y antropólogos oficiales recelaban de la actividad de Curtis, pues este no tenía ninguna formación académica y, sin embargo, gracias a sus contactos con altas personalidades y a su talento para dictar conferencias, era más conocido que muchos profesores. Además, los científicos se escandalizaban por el aspecto artístico de su fotografía; realmente, sus fotografías testimonian una visión idealizada de la realidad. El fotógrafo ponía a los modelos en escena, en su propio entorno, sin limitarse a las sencillas indicaciones que los fotógrafos documentales solían dar a sus modelos.

Los científicos de las universidades norteamericanas querían separar rigurosamente el arte y la ciencia. Los investigadores hicieron el vacío a la bellísima, pero también muy cara, edición limitada de *The North American Indian* y a las revistas populares en las que se publicaban las fotografías de Curtis. Por otro lado, Curtis apenas se interesó por las investigaciones de otras personas, lo que lógicamente también sorprendía.

Frecuentemente se ha representado a Curtis como una persona solitaria, que pretendía hacer ella sola el trabajo de toda una institución. Esta imagen probablemente tenga su origen en el modo en que Curtis se presentaba en público; sin embargo, no trabajaba él solo, sino que contaba con un equipo de hasta 17 personas, que se repartían el trabajo. Curtis organizaba y coordinaba todas las fases del proyecto, escribía y editaba parte de los textos y hacía todas las fotografías. Algunos colaboradores lo acompañaban en sus investigaciones de campo; otros cooperaban en el proyecto desde diversos lugares de Estados Unidos, por ejemplo en el taller de Seattle, vendiendo libros en Nueva York y editándolos en Washington.

A comienzos de los años veinte apenas existía ya un interés público o científico por la continuación de la obra de Curtis. Para el fotógrafo, que a los 59 años volvió a ponerse de camino hacia el Ártico, para realizar el último volumen, la conclusión del 20° volumen y de la 20ª carpeta fue unida a tales problemas económicos y psíquicos que acabó por agotarse física y emocionalmente. Charles Lauriat, librero de Boston, se ocupó de comercializar, sin mucho éxito, el resto de los tomos y los fotograbados. Curtis trabajó durante muchos años en un libro que no llegaría a publicarse, y que llevaba el título provisional *El señuelo del oro*. En 1952, a los 84 años de edad, el fotógrafo moría en Whittier (California), cerca de Los Ángeles.

Es difícil hacer justicia a una obra tan extensa y cualitativamente tan heterogénea como la de Curtis. Sus fotografías de indios, ¿son documentos? Sus fotos, con su aspecto mágico, ¿son realmente el eco de una época en la que el hombre y la naturaleza aún vivían en armonía? Apasionadamente, Curtis intentó plasmar, en textos e imágenes, los testimonios de una cultura que creía inmediatamente amenazada por la desaparición. Curtis siguió un planteamiento humanístico y social. Sus retratos dieron un rostro a los habitantes primitivos del continente americano. Son fotografías que se nos han grabado en la memoria, retratos de indios que expresan energía y dignidad, imágenes que documentan una gran variedad cultural, que expresan los valores universales de la familia, de la tribu y de la nación. En la enciclopedia de Curtis, las tribus indias están por fin unidas, pacífica y fraternalmente. Las fotografías muestran la herencia de los indios y la hacen formar parte de la historia norteamericana. A pesar de todas sus limitaciones, suponen también un sueño americano: el sueño de orgullo y libertad.

Alla ricerca del tempo perduto

Edward S. Curtis
e gli indiani dell'America del Nord

Ogni volta che aprendo un libro o una rivista, o posando gli occhi su un poster, vediamo la foto in bianco e nero, un po' vecchio stile, di un «pellerossa» solitario nella grande prateria, o di un capo indiano con la sua acconciatura di penne, o una squaw davanti a un tepee, novanta volte su cento il fotografo è Edward Sheriff Curtis (1868–1952). La sua produzione fotografica non solo rispecchia perfettamente la tradizionale idea che ci siamo fatti degli indiani dell'America del Nord, ma l'ha anche in gran parte condizionata. Le fotografie di Curtis mostrano gli indiani come forse erano una volta... o piuttosto come a noi sarebbe piaciuto che fossero. Nessun altro fotografo ha affrontato questo tema in un così grande numero di immagini. A partire dall'inizio del Novecento Curtis ha dedicato oltre trent'anni al compito di fissare in parole e immagini le tradizioni ancora vive delle tribù indiane. Ha trascorso la maggior parte della sua esistenza a studiarne la vita e i costumi e ad annotarne storia e leggende, con il risultato che Curtis il fotografo è diventato anche un etnografo.

Molte delle straordinarie illustrazioni riprodotte nel presente volume sono state attinte dalle circa 2200 fotografie pubblicate da Curtis nei venti volumi dell'enciclopedia *The North American Indian*, che costituisce il culmine dei suoi molti anni di lavoro.

L'enciclopedia non è soltanto una delle più importanti pubblicazioni storiche sugli indiani d'America, a nord della frontiera messicana e a ovest del Mississippi, ma è anche uno dei libri più belli mai prodotti, un'opera preziosa stampata su carta spessa, rilegata in pelle e con taglio in oro. I volumi uscirono tra il 1907 e il 1930. Ciascuno dei venti volumi, entità autonome illustrate da circa 75 tavole di 14 x 19 cm e corredate talvolta di cartine o grafici, era dedicato a una o a più tribù indiane dell'America del Nord collegate in qualche modo fra loro o vicine dal punto di vista topografico. Ogni volume era accompagnato da un portfolio contenente

36 fotoincisioni di grande formato (30 x 40 cm circa). Queste fotoincisioni venivano vendute anche separatamente, in edizioni di altissima qualità, e sono soprattutto queste che hanno consacrato la reputazione di Curtis fotografo. Edward S. Curtis raggiunse il culmine della sua carriera, come attestato da numerose fonti, tra il 1905 e il 1914. Tuttavia, quando uscì l'ultimo volume dell'enciclopedia, nel 1930, il suo nome era noto ormai solo a pochi specialisti.

Edward Sheriff Curtis era nato nel 1868 in una fattoria vicino a Whitewater nel Wisconsin. Il padre di Edward, il predicatore Johnson Curtis, era tornato invalido dalle guerre civili. Ciononostante compiva viaggi di parecchi giorni, a cavallo o in canoa, per visitare i suoi parrocchiani disseminati su un vasto territorio. Il figlio lo accompagnava spesso e fu così che fin da piccolo familiarizzò con la vita all'aria aperta.

L'istruzione di Edward Curtis si svolse nella classe unica della scuola del villaggio e si limitò a un periodo di sei anni. Apprenderà successivamente i rudimenti della tecnica fotografica lavorando come apprendista in uno studio di St. Paul. Trasferitosi con la famiglia nei pressi di Seattle, dopo la morte del padre entrò in società in uno studio fotografico e nell'arco di pochi anni si affermò come il miglior fotografo mondano della città. Nel suo studio capitarono famosi personaggi di passaggio a Seattle, come la danzatrice russa Anna Pavlova (1881–1931), e lo scrittore indiano vincitore del Premio Nobel per la letteratura Rabindranath Tagore (1861–1941).

Conosceva talmente a fondo le regioni selvagge e le cime del vicino monte Rainier che vi lavorò come guida di montagna. Nel 1898, durante una breve spedizione in quei luoghi, il fotografo s'imbatté in un gruppo di scienziati che si erano persi e li riportò al sicuro. Quell'incontro gli avrebbe radicalmente cambiato la vita. Nel 1899 Curtis venne chiamato ad accompagnare in veste di fotografo ufficiale la spedizione Harriman in Alaska, un'iniziativa originariamente progettata come lussuoso viaggio turistico per il magnate delle ferrovie Edward Harriman. Per consolidare la sua reputazione di filantropo, Harriman aveva invitato a unirsi a lui due dozzine di eminenti scienziati. Nel 1900 un'altra spedizione portò Curtis, in compagnia dello specialista di indiani Georg Bird Grinnell (1849–1938), nel Montana, dove ebbe l'opportunità di vivere tra gli indiani e di fotografarli. A Browning, Montana, poté assistere alla Danza del Sole delle tribù Blood, Blackfoot e Algonchine, un'esperienza che lasciò in lui una profonda impressione e segnò una seconda svolta nella sua vita dopo quella impartita dalla spedizione Harriman.

Per quanto fosse affascinato dagli indiani, agli esordi Curtis sapeva ben poco di loro e condivideva il pregiudizio dei bianchi secondo cui la loro religione non era altro che vuota superstizione, senza alcun profondo significato. Tuttavia gli si era acceso il desiderio di saperne di più sulle diverse tribù. Per le sue prime fotografie chiese agli indiani di inscenare per lui famose battaglie o di compiere delle cerimonie, e si sforzò di eliminare ogni eventuale traccia dell'adattamento degli indiani alla cultura dell'uomo bianco. I suoi modelli indiani, che in prevalenza vivevano nelle riserve, posavano di buon grado per il fotografo, come se volessero riappropriarsi del loro passato, di quella vita quotidiana apparentemente priva di preoccupazioni e di quella spiritualità che gli erano state sottratte dall'uomo bianco.

Fu intorno al 1903 che Curtis concepì il progetto di creare una vasta documentazione sulle tradizioni delle tribù nordamericane in via d'estinzione. Il progetto di Curtis consisteva nel fissare sistematicamente con testi e immagini la storia di tutte le tribù indiane, la loro vita, le cerimonie, le leggende e i miti. Gli ambiti che si proponeva di esplorare erano la lingua, l'organizzazione sociale e politica, il contesto geografico, le condizioni di vita, l'abbigliamento, il modo di procacciare e preparare il cibo, i costumi religiosi, i rituali e le usanze connessi alla nascita, al matrimonio e alla morte, i giochi, la musica e la danza, e persino i pesi e le misure. Quando le circostanze lo permettevano studiò a fondo tutti questi temi, e con una grande passione per il dettaglio, ma il suo contributo più significativo fu nel campo fino ad allora poco indagato della mitologia e della religione.

Per realizzare la sua idea, Curtis intraprese una lunga serie di viaggi che lo portò a visitare, negli anni fino al 1928, oltre ottanta tribù indiane. Per adempiere il compito che si era prefisso, si trovò fin dall'inizio e per molti anni a dover lavorare in condizioni di calore o di freddo estremi, in zone desertiche e sotto la neve.

Durante le sue prime spedizioni di ricerca, un po' per ignoranza un po' perché spinto dalla curiosità, Curtis infranse involontariamente qualche legge non scritta, cosa che gli valse una fredda accoglienza da parte degli indiani. Con il tempo Curtis imparò le lingue di diverse tribù, ma ritenne sempre opportuno – considerate anche le sue prime disavventure – avere al suo fianco un membro della tribù in veste di consigliere e guida. Nel corso degli anni Curtis si conquistò la fiducia e l'amicizia dei pellirosse, che da parte loro giunsero ad apprezzarlo sempre di più come cronista delle loro tradizioni.

Poiché le popolazioni indiane dell'America del Nord non possedevano documenti scritti, fin dall'inizio Curtis rivolse la sua attenzione alle loro tradizioni orali. Prese nota delle biografie di eminenti capi indiani, di guerrieri, guaritori e sacerdoti; trascrisse i testi e la musica delle danze e delle canzoni indiane, e avvalendosi dei cilindri di cera ne registrò persino la musica, che poi traspose in notazione musicale. Tra il 1895 e il 1928 Curtis visitò, come già menzionato, più di ottanta tribù indiane.

Nel 1914 Curtis girò *In the Land of the Headhunters* (Nel paese dei cacciatori di teste), un lungometraggio sulla vita degli indiani della costa Nord-Ovest, successivamente colorato a mano. Basato sulla tradizione orale e sulle leggende indiane, questo film muto trattava l'argomento con un approccio tutt'altro che realistico, condito con un tocco di violenza e di romanticismo sentimentale. Curtis fece vestire gli indiani con costumi di sua concezione e durante le riprese scattò delle fotografie che poi incluse nei suoi libri senza specificare che si trattava di foto di scena, e per questo in seguito si attirerà comprensibilmente il biasimo degli studiosi. Il fatto che un'etnia indiana fosse al centro di un film e ne determinasse l'intera trama faceva dell'opera di Curtis qualcosa di totalmente nuovo nella storia del cinema.

È solo di recente che Curtis ha attirato una certa attenzione come autore e storico delle tribù indiane. Per anni la sua eccezionale impresa era stata misconosciuta e persino i suoi contemporanei avevano avuto delle reazioni del tutto diverse nei confronti della sua grande opera. Nonostante il sostegno politico di Roosevelt, il suo progetto non aveva trovato appoggio da parte di organismi statali quali la Smithsonian Institution o l'American Bureau of Ethnology. Etnologi e antropologi consideravano con sospetto l'attività di Curtis. Il fotografo non possedeva alcuna formazione accademica, e tuttavia, grazie ai suoi contatti con persone che occupavano posizioni di prestigio e alle sue brillanti capacità di conferenziere, era più noto di molti professori. Quello che gli studiosi non accettavano era soprattutto il carattere estetico delle sue fotografie. Curtis voleva presentare il frutto delle sue spedizioni sotto una forma artistica, e le sue immagini tradivano una visione idealizzata della realtà. Il fotografo si comportava da vero e proprio regista con i suoi modelli, non limitandosi dunque a impartire loro le semplici e sobrie direttive che sono d'uso nella fotografia documentaria e che a volte sono persino rifiutate come fonte di distorsioni.

L'obiettivo che si era fissato Curtis – documentare la storia di tutte le popolazioni indigene degli Stati Uniti – rappresentava un progetto talmente vasto che, anche a prezzo di sforzi sovrumani, era condannato a restare in uno stato frammentario e quindi facile bersaglio alle critiche. Inoltre, poiché Curtis trattava tutta una varietà di soggetti disparati piuttosto che concentrarsi su uno solo, venne contestato dagli scienziati inclini a orientamenti più specialistici.

Il fotografo è stato spesso descritto come un lupo solitario che cercava di svolgere il lavoro di un'intera istituzione, immagine che potrebbe aver avuto le sue origini nel modo in cui Curtis si presentava in pubblico. In realtà non condusse affatto le ricerche da solo, ma suddivise i compiti essenziali tra ben 17 collaboratori. Curtis organizzava e coordinava ogni fase del progetto, scriveva e redigeva parte dei testi, e faceva tutte le fotografie. La sua squadra non solo lavorava con lui nei periodi di ricerca sul campo, ma continuava a prestare la sua assistenza in varie città degli Stati Uniti: nello studio fotografico di Seattle, per vendere i libri a New York e a Washington presso l'editore.

A quest'epoca l'interesse pubblico o scientifico per la continuazione dell'opera di Curtis era però ormai praticamente inesistente. La conclusione dell'enciclopedia implicò una tale pressione finanziaria e mentale che il fotografo era del tutto esausto, sia fisicamente che emotivamente. Il libraio di Boston Charles Lauriat s'incaricò della distribuzione (coronata da scarso successo) dei volumi e delle incisioni restanti. Terminato il progetto, Curtis si dedicò per molti anni alla stesura di un libro provvisoriamente intitolato *The Lure of Gold* (Il richiamo dell'oro), che non sarà mai pubblicato. Il fotografo morì nel 1952 a Whittier, in California, all'età di 84 anni.

È difficile rendere giustizia a un'opera così vasta ed eterogenea quanto a qualità come quella lasciataci da Curtis. Le sue fotografie di indiani sono dei documenti? Le sue immagini, con la magia che ne emana, sono veramente la testimonianza di un'epoca in cui gli uomini vivevano ancora in armonia con la natura?

Quella di Curtis è una presa di posizione sociale e umanitaria. I suoi ritratti hanno dato un volto alle popolazioni indigene del continente americano che erano in pericolo di estinzione. Ma oggi le sue opere si sono stampate nella nostra mente: immagini di indiani che irradiano forza e dignità, immagini che documentano una grande diversità culturale e immagini che esprimono i valori universali della famiglia, della tribù e della nazione. Nell'enciclopedia di Curtis le tribù indiane sono infine unite nella pace e nella fratellanza. Le sue fotografie mostrano il retaggio degli indiani e lo fanno diventare parte della storia americana. Le fotografie forse non sono spontanee, ma idealistiche o romantiche. Esse rappresentano comunque un sogno americano, l'aspirazione a un mondo migliore, un sogno di fierezza e libertà.

Em busca de uma época desaparecida

Edward S. Curtis
e os Índios da América do Norte

Quando vemos num livro, numa revista ou em cartazes, uma fotografia a preto e branco, com um aspecto um pouco envelhecido, representando um índio solitário, um chefe com um toucado de penas ou uma «squaw» diante de um «tipi», é bem possível que se trate de uma imagem do fotógrafo Edward Sheriff Curtis (1868–1952). Não só a sua obra fotográfica tem tudo para satisfazer a nossa visão tradicional dos índios como a condicionou mesmo em grande parte. As fotografias de Curtis não mostram os Índios tal como são, mas tal como eles talvez fossem outrora, ou tal como gostaríamos que eles fossem.

Nenhum outro fotógrafo consagrou a este tema uma obra com uma tal amplitude. Na passagem do século xix para o século xx, Curtis perseguiu durante mais de 30 anos o objectivo de fixar, pelo texto e pela imagem, as últimas tradições vivas das tribos índias. Ele passou a maior parte da vida a estudar a sua vida e os seus costumes e a tomar nota da sua história e das suas lendas. Nesse sentido, o Curtis fotógrafo fez também obra de etnógrafo.

Os seus muitos anos de esforço culminaram na enciclopédia de 20 volumes *The North American Indian*, que incluía um extenso material textual e cerca de 2200 fotogravuras. A obra foi publicada numa tiragem muito limitada, entre 1907 e 1930, custando a colecção 3000 dólares. Esta enciclopédia é não só uma das publicações históricas mais importantes sobre os índios, como figura igualmente entre as mais belas obras impressas do mundo. Trata-se de uma obra de grande qualidade, em bom papel, encadernada em couro e dourada na borda. Era assim coberto todo o continente americano compreendido entre o norte da fronteira mexicana e o oeste do Mississípi. Cada um dos 20 volumes, ilustrado com cerca de 75 estampas de formato 14 x 19 cm, e por vezes com cartas e esquemas, era consagrado a uma ou a várias tribos índias da América do Norte unidas por laços de parentesco ou próximas do ponto de vista topográfico.

Um portfolio, que continha regra geral 36 gravuras com cerca de 30 x 40 cm, acompanhava cada um dos volumes. Estas fotogravuras eram igualmente comercializadas em tiragens à parte, e é precisamente a excelente qualidade da sua impressão que valeu a Curtis a sua reputação de fotógrafo.

Curtis teria atingido o apogeu da sua carreira entre 1905 e 1914. Porém, quando o último volume da sua enciclopédia foi publicado, em 1930, ele já só era conhecido de alguns especialistas.

Proveniente de um ambiente modesto, Edward Sheriff Curtis nasceu num rancho no Wisconsin, em 1868. O pai de Edward, o pregador Johnson Curtis, voltara inválido da guerra civil. No entanto, percorria o território disperso da sua paróquia durante longas viagens. O filho, que o acompanhava frequentemente nas suas digressões, experimentou assim cedo a vida ao ar livre.

A formação escolar de Edward Curtis terminou ao fim de apenas seis anos. Mas era possuído de uma tal curiosidade de espírito que, sendo ainda adolescente, fabricou ele próprio a sua primeira máquina fotográfica. De seguida, teve uma iniciação profissional à técnica fotográfica como aprendiz num estúdio de fotografia de St. Paul.

Após a morte do seu pai, a família instalou-se em Seattle, no estado de Washington. Aqui, em 1897, e depois de inúmeras tentativas, Curtis conseguiu montar o seu próprio estúdio, especializando-se em retratos e o seu negócio floresceu.

Pessoas famosas dirigiram-se ao seu estúdio para posarem para ele, incluíndo a bailarina Anna Pavlova (1881–1931) e o Prémio Nobel da literatura Rabindranath Tagore (1849–1914).

Por volta de 1890, Curtis fez igualmente numerosas fotografias de paisagem nos arredores de Seattle. Ele conhecia tão bem as extensões selvagens e os cumes do monte Rainier, que aí trabalhou como guia de montanha. Aquando de uma pequena expedição, em 1898, o fotógrafo deu com um grupo de cientistas que se haviam perdido nas montanhas. Este encontro levou à atribuição a Curtis de um trabalho muito interessante: acompanhar a expedição privada ao Alasca, organizada pelo magnata dos caminhos-de-ferro, Edward Harriman, no ano que se seguiu, como fotógrafo da expedição. Durante a viagem, Curtis conheceu alguns proeminentes cientistas americanos, estabelecendo uma especial relação com o etnólogo especializado nos povos índios, Bird Grinnell (1849–1938).

Em 1900, os dois organizaram uma expedição a Montana, onde Curtis teve ocasião de viver entre os índios e de os fotografar. A presença, durante a Dança do Sol, de tribos Blood, Blackfoot e Algonquinos na região de Browning, Montana, representou para Curtis, após a participação na expedição Harriman, uma segunda experiência fundamental que alterou profundamente a sua vida.

Apesar de todo o fascínio que tinha pelos Índios, de início, Curtis pouco sabia sobre eles, e partilhava do preconceito dos brancos que viam na sua religião simples superstição. Mas o seu desejo de aprender mais sobre as diferentes tribos tinha despertado. Para as suas primeiras imagens, ele pediu aos índios que reconstituíssem batalhas célebres ou representassem cerimónias, e esforçou-se por fazer desaparecer todo e qualquer sinal que pudesse testemunhar a adaptação dos Índios à cultura do homem branco. Os seus modelos índios, que viviam as mais das vezes em reservas, posavam facilmente para a fotografia, como se quisessem, também eles, reapropriar-se do seu passado, essa existência quotidiana aparentemente descuidada e essa vida espiritual que os brancos lhes haviam tomado.

O projecto de Curtis consistia em fixar sistematicamente, através do texto e da imagem, a história de todas as tribos índias, a sua vida, as suas cerimónias, as suas lendas e mitos. Os domínios que ele queria examinar eram a língua, a organização social e política, o meio geográfico, o *habitat*, o vestuário, o aprovisionamento e a preparação dos alimentos, as tradições religiosas, bem como os usos e costumes relativos ao nascimento, ao casamento e à morte, aos quais se juntavam os jogos, a música e as danças, bem como os pesos e medidas.

Até 1928, visitou mais de 80 tribos diferentes. A fim de cumprir a tarefa que a si próprio se tinha imposto, o fotógrafo teve, desde o início e durante numerosos anos, de trabalhar ao calor e ao frio, no meio da seca e da neve. E precisava, para concluir, de usar de toda a persuasão para conquistar os índios para a sua causa.

Durante as suas expedições, a curiosidade e a ignorância de Curtis levaram-no involuntariamente a transgredir as leis e costumes, o que lhe valeu um acolhimento frio da parte dos índios.

Apesar de Curtis, com o tempo, ter aprendido as línguas de várias tribos, parecia-lhe sensato, talvez relacionado com os infortúnios dos seus inícios, ter ao lado um membro da tribo que desempenhasse as funções de conselheiro e confidente.

Com os anos, Curtis ganhou a confiança e a estima dos índios, que o consideravam cada vez mais o cronista das suas tradições. Transcreveu as biografias de chefes importantes, guerreiros, curandeiros e sacerdotes e, com a ajuda de um aparelho de gravação, também gravou a música dos índios.

No final da sua empresa, Curtis contou que tribos que ele procurara contactar em vão durante anos lhe tinham feito saber que a sua visita seria agora bem-vinda. Elas tinham tomado consciência de que, pelo facto de as suas tradições serem exclusivamente orais, Curtis era nessa altura o único a interessar-se por elas e a querer transcrevê-las. Ele tomava nota de tudo o que lhe comunicavam, bem como as observações que ele próprio e os seus colaboradores recolhiam.

Apesar de, pouco tempo após a viragem do século, as suas fotografias de índios serem já muito conhecidas, Curtis não estava em condições de financiar o seu ambicioso projecto documental através da venda dos seus clichés. A descoberta do seu trabalho pelo presidente Theodore Roosevelt e o apoio que este deu ao fotógrafo foram uma circunstância extremamente feliz.

A fim de poder concretizar os seus planos no terreno e de um ponto de vista editorial, Curtis pediu em 1906 ao financeiro e magnata dos caminhos-de-ferro John Pierpont Morgan (1837–1913), que conhecera por intermédio de Roosevelt, que promovesse o seu empreendimento. Morgan apoiou Curtis e o seu projecto com uma espécie de bolsa que seria a base para a publicação da sua enciclopédia, mas que era insuficiente para concluir o projecto. O fotógrafo viu-se obrigado a encontrar outras fontes de dinheiro. Deu palestras e publicou artigos, o que levou a que as suas fotografias fossem mais conhecidas e se vendessem mais. Em 1914, Curtis realizou um filme, chamado «Na Terra dos Caçadores de Cabeças», baseado na vida dos índios da costa noroeste do Pacífico. Era a primeira vez na história que um grupo étnico índio estava no centro da história, determinando toda a acção.

Só recentemente se começou a descobrir a importância de Curtis como autor e historiador no estudo das diferentes tribos índias. Mas já na sua época, o projecto de Curtis encontrou reacções diversas. Apesar do apoio político de Roosevelt, o projecto não teve apoio estatal. A actividade de Curtis era suspeita aos olhos dos etnólogos e antropólogos estabelecidos. Com efeito, o fotógrafo não tinha qualquer formação universitária, mas graças aos seus contactos com personalidades altamente colocadas e aos seus talentos de conferencista, era mais conhecido que muitos professores. Os cientistas suspeitavam essencialmente do carácter artístico das suas fotografias. Curtis queria que os resultados das suas expedições fossem apresentados sob uma forma artística e a realidade que mostra nas suas imagens é uma realidade idealizada. O fotógrafo, quando colocava os modelos no seu ambiente não se limitava, nas suas orientações, a dar simples indicações como é de uso na fotografia documental.

Os etnólogos e antropólogos das universidades americanas queriam ver uma verdadeira separação entre a arte e a ciência. Os cientistas reagiram com indiferença à bela mas extremamente cara edição, dada a sua tiragem limitada, de *North American Indian*, bem como às revistas populares nas quais eram publicadas as fotografias de Curtis. Há, no entanto, que reconhecer que, em compensação, Curtis se interessava muito pouco pelas investigações dos outros, o que provocou manifestações de inimizade.

O fotógrafo foi muitas vezes apresentado como um indivíduo que procurava fazer o trabalho de toda uma instituição. Esta imagem tem talvez a sua origem na forma como Curtis aparecia em público. No entanto, ele não fazia as suas pesquisas sozinho, repartindo as principais tarefas por uma pequena equipa de 17 colaboradores. Curtis organizava e coordenava o conjunto das fases do projecto, escrevia e publicava uma parte dos textos e fazia todas as fotografias. Os seus colaboradores não trabalhavam só durante o período passado no terreno, prosseguindo a sua participação no projecto de forma dispersa, em vários locais dos Estados Unidos: no estúdio de fotografia em Seattle, em Nova Iorque, onde vendiam as obras, e em Washington, onde as editavam.

No início da década de vinte do século XX, tanto o interesse público como científico pela continuação da obra de Curtis tinham, todavia, quase desaparecido. A conclusão do projecto representava para o fotógrafo uma tal pressão financeira e psíquica que ficou completamente esgotado, tanto do ponto de vista físico como emocional. O livreiro Charles Lauriat, de Boston, tomou a seu cargo a comercialização, que se revelou pouco coroada de sucesso, dos restantes volumes e gravuras. Terminado o projecto, Curtis trabalhou vários anos num manuscrito provisoriamente intitulado *O Apelo do Ouro*, que nunca foi publicado. O fotógrafo morreu com 84 anos em Whittier, na Califórnia.

É muito difícil fazer justiça a uma obra tão vasta e de qualidades tão diversas como a de Curtis. As suas fotografias de índios são documentos? A magia que emana das imagens é realmente o eco de uma época em que o homem e a natureza viviam ainda em harmonia?

O trabalho de Curtis tinha premissas de ordem social e humanista. Os seus retratos deram um rosto a estes primeiros habitantes do continente americano ameaçados de desaparecimento. Mas os seus trabalhos estão actualmente gravados nas nossas memórias, imagens de índios que dão uma impressão de força e dignidade, imagens que ilustram uma grande diversidade cultural, imagens, enfim, que exprimem os valores universais da família, da tribo e da nação. Na enciclopédia de Curtis, as tribos índias estão finalmente unidas na paz e na fraternidade. Estas fotografias mostram a herança dos índios, a qual constitui uma parte da história da América. Sejam quais forem as reservas que possamos pôr-lhes, elas representam também um sonho americano, um sonho de altivez e de liberdade.

CAÑON DE CHELLY, 1904

THE VANISHING RACE
A Picture by Edward S. Curtis

Into the shadows, whose illumined crest
  Speaks of the world behind them where the sun
  Still shines for us whose day is not yet done,
Those last dark ones go drifting. East or West,
Or North or South – it matters not; their quest
    Is toward the shadows whence it was begun;
    Hope in it, Ah, my brothers! there is none;
And yet – they only seek a place to rest.

So mutely, uncomplainingly, they go!
    How shall it be with us when they are gone,
    When they are but a mem'ry and a name?
May not those mournful eyes to phantoms grow –
    When, wronged and lonely, they have drifted on
    Into the voiceless shadow whence they came?

ELLA HIGGINSON
(aprox. 1860–1940)

THE VANISHING RACE · NAVAHO, 1904
Una raza que se extingue | Una razza che si spegne | Uma raça que desaparece

INTO THE DESERT · NAVAHO, 1904
Hacia el desierto | Nel deserto | No deserto

LONE TREE LODGE · JICARILLA, 1904

THE MORNING BATH · APACHE, 1906
El baño matutino | Il bagno mattutino | O banho matinal

THE APACHE, 1906
El apache | L'Apache | O apache

A SON OF THE DESERT · NAVAHO, 1904
Un hijo del desierto | Un figlio del deserto | Um filho do deserto

VASH GON · JICARILLA, 1904

APACHE NALIN, 1903

NEZ PERCÉ BABY, 1900
Bebé de los Narices Perforadas | Un bébé Nez Percé | Bebé Nez Percé

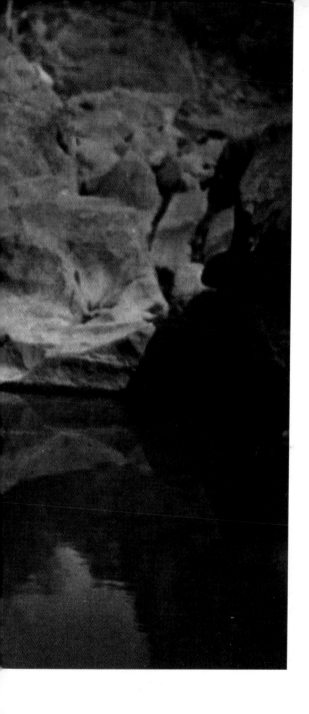

NATURE'S MIRROR
NAVAHO, 1904
Un espejo natural
Lo specchio della natura
O espelho de natureza

APACHE MEDICINE-MAN, 1907
Hechicero apache | Stregone apache | Feiticeiro apache

THE MEDICINE-MAN (SLOW BULL), 1907
El hechicero (Toro Lento) | Lo stregone (Toro Lento) | O feiticeiro (Torro lento)

TOBADZISCHÍNI · NAVAHO, 1904

HASCHEBAÁD · NAVAHO, 1904

HASCHEZHINI · NAVAHO, 1904

HASCHÓGAN · NAVAHO, 1904

A PAINTED TIPI
ASSINIBOIN, 1926
Un tipi pintado
Un tepee dipinto
Um tipi pintado

QAHÁTIKA GIRL, 1907
Muchacha Qahátika | Ragazza Qahátika | Rapariga Qahátika

MÓSA · MOHAVE, 1903

HUPA WOMAN, 1923
Mujer Hupa | Donna Hupa | Mulher Hupa

WIFE OF MODOC HENRY · KLAMATH, 1923
La mujer de Modoc Henry | Moglie di Modoc Henry | Mulher de Modoc Henry

A WINTER DAY
APSAROKE, 1908
Un día de invierno
Giorno d'inverno
Dia de Inverno

WINTER
APSAROKE, 1908
Invierno | Inverno | Inverno

ZAHADOLZHÁ · NAVAHO, 1904

GÁNASKIDI · NAVAHO, 1904

AMERICAN HORSE · OGLALA (TETON SIOUX), 1908

BRULÉ SIOUX WAR PARTY, 1907
Grupo de guerreros sioux Brulé | Gruppo di guerrieri Brulé Sioux
Grupo de guerreiros Brulé

READY FOR THE CHARGE · APSAROKE, 1908
Preparado para el ataque | Pronto all'attacco | Pronto para o ataque

CRAZY THUNDER · OGLALA (TETON SIOUX), 1907

WEASEL TAIL · PIEGAN, 1900

FOR STRENGTH AND VISIONS · APSAROKE, 1908

Para obtener fuerza y visiones | Per ottenere forza e visioni | Pela força e pelas visões

THE OATH · APSAROKE, 1908
El juramento | Il giuramento | O juramento

INCENSE OVER A MEDICINE BUNDLE · HIDATSA, 1908
Incienso sobre un preparado medicinal | Incenso su una preparazione medicinale
Incenso sobre um preparado medicinal

CRYING TO THE SPIRITS, 1908
Invocando a los espíritus | Invocazione degli spiriti | Invocação dos espíritos

THE EAGLE MEDICINE-MAN · APSAROKE, 1908
El hechicero-águila | Lo stregone-aquila | O feiticeiro águia

THE EAGLE-CATCHER, 1908
El cazador de águilas | Il cacciatore di aquile | O caçador de águias

Pages | Seiten 76–77
AN OASIS IN THE BAD
LANDS, SOUTH
DAKOTA, 1905
Un oasis en los Bad Lands,
Dakota del Sur
Un'oasi nelle Bad Lands,
Sud Dakota
Um oásis nas Bad Lands,
Dacota do Sul

IN THE BAD LANDS,
SOUTH DAKOTA, 1904
En los Bad Lands,
Dakota del Sur
Nelle Bad Lands,
Sud Dakota
Nas Bad Lands,
Dacota do Sul

ARIKARA MEDICINE CEREMONY · THE BEARS, 1908
Ceremonia de los hechiceros arikara – Los Osos
Cerimonia di medicina Arikara – Gli orsi
Cerimónia de medicina Arikara – Os Ursos

BEAR'S BELLY · ARIKARA, 1908

WOMAN'S COSTUME AND BABY SWING · ASSINIBOIN, 1926
Mujer con traje tradicional y columpio de niño | Una donna nel costume tradizionale
e dondolo per i bambini | Traje de mulher e baloiço de criança

CHEYENNE CHILD, 1927
Niño cheyenne, 1927 | Bambino Cheyenne | Criança Cheyenne

1495-05

PLAYMATES · APSAROKE, 1905
Muchacha Apsaroke | Ragazza Apsaroke | Rapariga Apsaroke

APSAROKE GIRL, 1905
Compañeras de juegos | Compagne di gioco | Companheiros de brincadeira

WISHRAM BRIDE, 1910
Una novia Wishram | Giovane sposa Wishram | Noiva Wishram

WISHRAM CHILD, 1909
Niño Wishram | Bambino Wishram | Criança Wishram

WOLF · APSAROKE, 1908

A TYPICAL NEZ PERCÉ, 1910
Un típico Nariz Perforada | Un tipico Nez Percé | Um Nez Percé típico

WOISTA · CHEYENNE WOMAN, 1927
Mujer Cheyenne | Donna Cheyenne | Mulher cheyenne

BULL CHIEF · APSAROKE, 1908

A MEDICINE-PIPE · PIEGAN, 1910
Pipa medicinal | Una pipa per usi magici | Cachimbo para uso medicinal

SHOT IN THE HAND · APSAROKE, 1908

HOLLOW HORN BEAR · BRULÉ SIOUX, 1907

NEW CHEST · PIEGAN, 1910

ARIKARA MEDICINE
CEREMONY · NIGHT
MEN DANCING, 1908
Ceremonia de los hechice-
ros Arikara – Danza de los
hermanos de la Noche
Cerimonia di medicina
Arikara – Danza degli
uomini della Notte
Cerimónia de medicina
Arikara – Dança dos
homens da Noite

A FLATHEAD DANCE, 1910

Danza de los Cabezas Planas | Danza Flathead | Dança Flathead

ON SPOKANE RIVER, 1910

El río Spokane | Sul fiume Spokane | No rio Spokane

Páginas 102–103
THE CHIEF · KLAMATH, 1923
El jefe | Il capo | O chefe

FLATHEAD WARRIOR, 1910
Guerrero de los Cabezas Planas | Guerriero Flathead | Guerreiro Flathead

HEAD CARRY · PLATEAU, 1900

BEN LONG EAR, 1905

Apaciguando el espíritu de un águila muerta | Per placare lo spirito di un'aquila uccisa

Apaziguamento do espírito de uma águia morta

CHEYENNE
WARRIORS, 1905
Guerreros Cheyennes
Guerrieri Cheyenne
Guerreiros Cheyennes

CHIEF JOSEPH · NEZ PERCÉ, 1903
El jefe Joseph | Il capo Joseph | O chefe Joseph

CHIEF JOSEPH · NEZ PERCÉ, 1903
El jefe Joseph | Il capo Joseph | O chefe Joseph

A DRINK · FLATHEAD, 1910
Un refresco | Una bevanda | Refresco

FLATHEAD CHILDHOOD, 1910
Infancia entre los Cabezas Planas | Infanzia Flathead | Infância Flathead

WATCHING THE DANCERS (WALPI) · HOPI, 1906
Observando a los danzantes (Walpi) | Guardando i danzatori (Walpi)
Observando os dançarinos (Walpi))

CHAIWA-TEWA-PROFILE, 1921
Perfil de Chaiwa-Tewa
Profilo di Chaiwa-Tewa
Perfil Chaiwa-Tewa

CHAIWA-TEWA, 1921

WALPI MAIDENS · HOPI, 1906

Muchachas Walpi | Ragazze Walpi | Jovens Walpi

HOPI MELON EATERS, OR "THE DELIGHTS OF CHILDHOOD", 1900
Hopis comiendo melón o «Las delicias de la infancia»
Bambini Hopi che mangiano il melone o «I piaceri dell'infanzia»
Comedores de melão Hopi ou «As delícias da infância»

HOPI MELON EATERS, OR "THE DELIGHTS OF CHILDHOOD", 1900
Hopis comiendo melón o «Las delicias de la infancia»
Bambini Hopi che mangiano il melone o «I piaceri dell'infanzia»
Comedores de melão Hopi ou «As delícias da infância»

SNAKE DANCER AND "HUGGER", 1921
Bailarines de la danza de la Serpiente y «Hugger» | Danzatore della danza
del Serpente e «Hugger» | Bailarino da Dança da Serpente e «Hugger»

SINGING TO THE SNAKES · SHIPAULOVI, 1906
Encantadores de Serpientes | Canto per i serpenti | Encantadores de serpentes

A SNAKE PRIEST OF THE ANTELOPE FRATERNITY · HOPI, 1921
Un sacerdote de la Serpiente perteneciente a la hermandad de los Antílopes
Prete del Serpente membro della confraternita dell'Antilope
Sacerdote da Serpente da confraria do Antílope

AWAITING THE RETURN OF THE SNAKE RACERS · HOPI, 1921
Esperando el regreso de los corredores de Serpientes
In attesa del ritorno dei partecipanti alla corsa del Serpente
Esperando o retorno dos corredores de serpentes

A LOAD OF FUEL, ZUÑI, 1903
Una carga de combustible | Un carico di combustibile | Carga de combustível

A WALPI MAN · HOPI, 1921
Un hombre Walpi | Uomo Walpi | Um homem Walpi

AT THE OLD WELL OF ACOMA, 1904
En las viejas fuentes de Acoma | Al vecchio pozzo di Acoma | Nos poços velhos de Acoma

TAOS WATER GIRLS, 1905
Aguadoras de Taos | Portatrici d'acqua di Taos | Aguadeiras de Taos

ACOMA WATER GIRLS,
1904
Aguadoras de Acoma
Portatrici d'acqua di Acoma
Aguadeiras de Acoma

ACOMA BELFRY, 1904
El campanario de Acoma | Campanile di Acoma | Sino de Acoma

A FEAST DAY AT ACOMA, 1904
Día de fiesta en Acoma | Giorno di festa ad Acoma | Dia de festa em Acoma

72-05

TAOS CHILDREN, 1905
Niños Taos
Bambini di Taos
Crianças de Taos

TABLITA WOMAN DANCER · SAN ILDEFONSO, 1905
Danzarina Tablita | Danzatrice Tablita | Dançarina Tablita

OKÚWA-TSIRÉ ("CLOUD-BIRD") · SAN ILDEFONSO, 1905

EAGLE DANCER · SAN ILDEFONSO, 1925
Danzante, águila | Danzatore aquila | Dançarino águia

OFFERING TO THE SUN · SAN ILDEFONSO, 1925
Ofrenda al sol | Offerta al sole | Oferenda ao sol

MASKED DANCER · COWICHAN, 1912

Danzante con máscara | Danzatore mascherato | Dançarino mascarado

HUPA FEMALE SHAMAN, 1923

Mujer chamán de los Hupas | Donna sciamano Hupa | Mulher xamã Hupa

KLAMATH WOMAN, 1923

Mujer Klamath | Donna Klamath | Mulher Klamath

THE BOWMAN, 1915

El arquero | L'arciere | O archeiro

LÉLEHALT · QUILCENE, 1912

TSÁTSALATSA · SKOKOMISH, 1912

TSAWATENOK GIRL, 1914
Muchacha Tsawatenok | Ragazza Tsawatenok | Rapariga Tsawatenok

QUILCENE BOY, 1912
Muchacho Quilcene | Ragazzino Quilcene | Rapaz Quilcene

WISHRAM MAID, 1909
Muchacha Wishram | Giovane donna Wishram | Rapariga Wishram

THE FISHERMAN · WISHRAM, 1909
Pescador | Il pescatore | O pescador

CEREMONIAL BATHING OF FEMALE SHAMAN
CLAYOQUOT, 1915
Baño ritual de una chamán | Abluzioni rituali di una donna sciamano
Abluções rituais de uma mulher xamã

WOMAN SHAMAN LOOKING FOR CLAIRVOYANT VISIONS
CLAYOQUOT, 1915
Una chamán esperando una visión | Donna sciamano in attesa di visioni
Mulher xamã procurando visões

COSTUME OF A WOMAN SHAMAN · CLAYOQUOT, 1915
Vestido de una chamán | Costume di una donna sciamano | Traje de mulher xamã

THE WHALER, 1915
Ballenero | Il baleniere | O caçador de baleias

HALIBUT FISHERS · NEAH BAY, 1915
Pescadores de halibut | Pescatori di halibut | Pescadores de solha

THE WHALER · MAKAH, 1915
Ballenero | Il baleniere | O caçador de baleias

DANCING TO RESTORE
AN ECLIPSED MOON
QÁGYUHL, 1914
Danza para recuperar la
luna después de un eclipse
Danza per riprendersi una
luna che ha subito un'eclisse
Dança para trazer de
volta uma lua eclipsada

A NAKOAKTOK MÁWIHL, 1914

Un Máwihl de los Nakoaktok | Un Máwihl Nakoaktok | Um Máwihl Nakoaktok

KALÓQUTSUIS · QÁGYUHL, 1914

TAWIHYILAHL · QÁGYUHL, 1914

HAMASILAHL · QÁGYUHL, 1914

MASKED DANCERS · QÁGYUHL, 1914

Danzantes con máscaras | Danzatori mascherati | Dançarinos mascarados

QÚNHUNAHL · QÁGYUHL, 1914

COMING FOR THE
BRIDE
QÁGYUHL, 1914
Viaje para recoger a la novia
Si va a prendere la sposa
A caminho de um
casamento

A TLU'WULAHU MASK · TSAWATENOK, 1914
Máscara Tlu'wulahu | Maschera Tlu'wulahu | Máscara Tlu'wulahu

A HAMATSA COSTUME · NAKOAKTOK, 1914
Vestido Hamatsa | Costume Hamatsa | Traje Hamatsa

Páginas 168–169
KWAKIUTL HOUSE
FRAME, 1914
Vigas de una casa Kwakiutl
Armatura di una casa
Kwakiutl | Vigamento
de casa Kwakiutl

A HAIDA CHIEF'S
TOMB AT YAN, 1915
Tumba de un jefe haida
en Yan | Tomba di capo
Haida a Yan | Túmulo
de chefe Haida em Yan

x

171

PAINTING A HAT · NAKOAKTOK, 1914
Pintando un sombrero | Donna che dipinge un cappello | Pintura de um chapéu

A NAKOAKTOK CHIEF'S DAUGHTER, 1914
La hija de un jefe Nakoaktok | Figlia di un capo Nakoaktok | Filha de um chefe Nakoaktok

WOMAN AND CHILD · NUNIVAK, 1928
Madre e hijo | Donna e bambino | Mulher e criança

CEREMONIAL MASK · NUNIVAK, 1928

Máscara ritual | Maschera cerimoniale | Máscara de cerimónia

READY FOR THE THROW · NUNIVAK, 1928
Preparado para lanzar el arpón | Pronto per il lancio | Pronto para o arremesso

ÓLA · NOATAK, 1928

NOATAK CHILD, 1929
Niño Noatak | Bambino Noatak | Criança Noatak

Edward S. Curtis, 1951
Fotógrafo desconocido

Fotografo sconosciuto

Fotógrafo anónimo

En el punto de observación de Custer (Crow). Curtis, el segundo por la derecha, con exploradores Crow.

Osservatorio di Custer – Crow. Curtis, il secondo da destra, con le guide Crow

Ponto de vista de Custer – Crow, Curtis, o segundo a contar da direita, com batedores Crow

El estudio de Curtis en la esquina 4ª Avenida y University Street en Seattle (Washington)

Lo studio di Curtis a Seattle, Fourth Avenue e University Street

Studio Curtis na 4th Avenue e University Street, em Seattle

Biografía | Biografia

Edward S. Curtis • 1868–1952

1868

Edward Sheriff Curtis nace el 16 de febrero en una granja de Cold Springs, Jefferson County (Wisconsin). Es el segundo de los cuatro hijos del predicador Johnson y su esposa Ellen Sheriff Curtis.

Edward Sheriff Curtis nasce il 16 febbraio in una fattoria a Cold Springs, nella contea di Jefferson, Wisconsin. È il secondo dei quattro figli del predicatore Johnson Curtis e di Ellen Sheriff Curtis.

Edward Sheriff Curtis nasce a 16 de Fevereiro num rancho de Cold Springs, Jefferson County, Wisconsin. É o segundo dos quatro filhos do pregador Johnson e da sua esposa, Ellen Sheriff Curtis.

aprox. 1885

Después de aprender de modo autodidacta los rudimentos de la profesión, entra como aprendiz de fotografía en un estudio de St. Paul (Minnesota).

Dopo aver appreso da autodidatta i rudimenti della fotografia, diventa apprendista in uno studio fotografico di St. Paul, Minnesota.

Depois de uma primeira experiência em fotografia como autodidacta, aprende os rudimentos da fotografia num estúdio de St. Paul, no Minnesota.

1887

Edward se instala con su familia en Sidney, en el estado de Washington, donde su padre fallece un año más tarde.

Si trasferisce con la famiglia a Sidney, nello stato di Washington, dove il padre malato muore l'anno seguente.

Edward instala-se com a família em Sidney, no Estado de Washington, onde o pai, doente, falece no ano seguinte.

aprox. 1892

Edward Curtis se convierte en asociado del estudio fotográfico de Rasmus Rothi, en Seattle (Washington).

Edward Curtis diventa socio dello studio fotografico di Rasmus Rothi a Seattle, Washington.

Edward Curtis torna-se sócio do estúdio de fotografia de Rasmus Rothi, em Seattle, Washington.

1892

El fotógrafo se casa con Clara Phillips. Durante los años siguientes, varios miembros de las familias Curtis y Phillips trabajarán en la empresa fotográfica de Edward.

Il fotografo sposa Clara Phillips. Negli anni che seguono vari membri delle famiglie Curtis e Phillips assistono Edward nel suo lavoro di fotografo.

O fotógrafo casa-se com Clara Phillips. Vários membros das famílias Curtis e Phillips colaboram, nos anos seguintes, na empresa fotográfica de Edward.

1893

Curtis se asocia al estudio de Thomas Guptil.

Curtis diventa socio dello studio di Thomas Guptil.

Curtis torna-se sócio do *atelier* de Thomas Guptil.

1895/96

Curtis hace sus primeros retratos de indios en el estuario de Puget y en la reserva de Tulahip, en los alrededores de Seattle.

Curtis realizza i suoi primi ritratti di indiani a Puget Sound e nella riserva di Tulahip vicino a Seattle.

O fotógrafo faz os seus primeiros retratos de índios no Puget Sound e na reserva de Tulahip, nos arredores de Seattle.

Rabindranath Tagore (186–1941), 1916

El poeta, filósofo y Premio Nobel indio, fotografiado en el estudio de Curtis, en Seattle

Il poeta e filosofo indiano vincitore del premio Nobel fotografato dallo Studio Curtis di Seattle

O poeta e filósofo indiano laureado com o Prémio Nobel, fotografado pelo Estúdio Curtis de Seattle

La reina del desierto, 1901
Un ejemplo de las obras exóticas de estudio de Curtis

La Regina del Deserto
Un esempio del lavoro di studio di Curtis di tipo più esotico

A Rainha do Deserto
Um dos exemplos mais exóticos de trabalho do Studio Curtis

Le egipcia, 1901
Uno de los retratos de sociedad de Curtis, que le dieron fama nacional como retratista

L'egiziana
Un ritratto mondano realizzato da Curtis che gli valse una notevole reputazione nazionale come ritrattista

A Egípcia
Um dos retratos mundanos de Curtis que lhe deu alguma fama nacional como retratista

1897

Fdward Curtis se establece por su cuenta; la razón social de la empresa es «Edward S. Curtis, Photographer and Photoengraver», aunque pronto dejará el grabado. Curtis se convierte en el fotógrafo más conocido de la sociedad de Seattle; también goza de fama nacional como retratista. Se dedica, asimismo, a fotografiar el paisaje y las cadenas montañosas del noroeste, como las Cascades y Olympic Ranges. Es un apasionado montañero y entusiasta del Monte Rainier, el monte de Seattle.

1899

Curtis es invitado a participar en la expedición de Alaska de Harriman, un magnate del ferrocarril. Durante ese viaje conoce a importantes exploradores que introducen al autodidacta en el mundo de las ciencias, que despiertan su interés etnológico.

1900

Curtis fotografía la danza del sol («Sun Dance») de los indios de las tribus Sangres, Pies Negros y Algonquin, en Browning (Montana). Concibe el programa de recoger las tradiciones orales de las tribus, sus leyendas e historias, y de plasmar las biografías de los jefes y guerreros más célebres, de estudiar sus lenguas y de registrar sus cantos para transcribirlos a notas.

1903

A partir de 1903, Curtis comienza a recolectar fondos para financiar su proyecto de investigación, que titula The North American Indian. Pronuncia numerosas conferencias en Estados Unidos y visita numerosas tribus indias.

Edward Curtis si mette in proprio come «Photographer and Photoengraver» (fotografo e fotoincisore), ma di lì a non molto rinuncia all'attività di incisore. Curtis diventa il fotografo «ufficiale» della buona società di Seattle e si afferma a livello nazionale come ritrattista. Si dedica anche alla fotografia di paesaggio, fissando con l'obiettivo le montagne della costa nord-ovest, come le Cascades e le Olympic Ranges. Esperto alpinista, è un appassionato frequentatore del monte Rainier, la cima a pochi passi da Seattle.

Curtis è invitato a partecipare come fotografo alla spedizione in Alaska organizzata dal magnate delle ferrovie Harriman. Durante il viaggio ha modo di conoscere parecchi scienziati di fama, che introducono l'autodidatta al mondo della scienza, risvegliando il suo interesse per l'etnologia.

Concepisce il progetto di documentare fotograficamente la vita degli indiani, di mettere per iscritto le loro leggende e le loro storie fino ad allora tramandate oralmente, di redigere le biografie dei capi e guerrieri più famosi, di studiare le lingue delle tribù e di registrare i loro canti con l'idea di trascriverli, in un secondo momento, sotto forma di partiture musicali.

Da quest'anno in avanti Curtis cerca finanziamenti per il suo progetto, intitolato The North American Indian. Tiene numerose conferenze in tutti gli Stati Uniti e visita molte tribù indiane.

Edward Curtis estabelece-se por conta própria com a denominação social «Edward S. Curtis, Photographer and Photoengraver», apesar de abandonar a gravura pouco depois. Curtis torna-se no primeiro fotógrafo mundano de Seattle, gozando também de uma grande fama como retratista à escala nacional. Consagra-se também à fotografia de paisagem, fazendo fotografias das cadeias de montanhas da costa noroeste, como as das Cascades ou das Olympic Ranges. Como alpinista, apaixona-se pelo Monte Rainier, a «montanha da casa» de Seattle.

Curtis é convidado a participar na expedição ao Alasca, organizada pelo magnata dos caminhos-de-ferro Harriman. Na viagem, conhece os célebres exploradores que iniciam o autodidacta no mundo da ciência e despertam o seu interesse pela etnologia.

Curtis fotografa a Dança do Sol («Sun Dance») dos Índios Blood, Blackfeet e Algonquinos nos arredores de Browning, Montana. Concebe o projecto de documentar a vida dos Índios através da fotografia, de anotar as tradições orais das tribos, as suas lendas, escrevendo as biografias dos chefes e dos guerreiros mais célebres, estudando as suas línguas e registando os seus cantos para os transcrever mais tarde em notação musical.

A partir de 1903, Curtis procura financiadores para o seu projecto de investigação intitulado The North American Indian. Faz numerosas conferências através dos Estados Unidos e visita grande número de tribos índias.

*Damas de sociedad de Seattle,
disfrazadas como squaws indias
y retratadas por Curtis en su estudio
de Seattle.* The Seattle Sunday
Times, *3 de noviembre de 1912*

Signore della buona società di
Seattle vestite da squaw indiane
e fotografate da Curtis nel suo
studio. *The Seattle Sunday Times*,
3 novembre 1912

Senhoras da sociedade de Seattle
vestidas de «squaws» índias, foto-
grafadas por Curtis no seu estúdio.
The Seattle Sunday Times, 3 de
Novembro de 1912

*Un indio de perfil, las flechas cruza-
das y un tipi. Este troquel se empleó
para los soportes de cartón de los
retratos realizados en el estudio de
Curtis; sin fechar, hacia 1910*

Profilo indiano, frecce incrociate e
tepee: questo marchio era impres-
so in rilievo sui pass-partout dei
ritratti realizzati nello studio di
Curtis, senza data (1910 ca.)

Índio de perfil, flechas cruzadas
e «tipi»; este é o selo usado nos
suportes de cartão dos retratos
do Estúdio Curtis, sem data, cerca
de 1910

1904

Curtis retrata al presidente Theodore Roosevelt; desde entonces, este será un importante defensor del proyecto.

Curtis fa il ritratto del presidente Theodore Roosevelt, che diventa un importante patrocinatore del suo progetto.

Curtis faz o retrato do presidente Theodore Roosevelt, ganhando um eminente defensor do seu projecto.

1906

John Pierpont Morgan, industrial, financiero y filántropo de Nueva York, subvenciona el proyecto de Curtis.

L'industriale, finanziere e filantropo John Pierpont Morgan di New York sovvenziona l'impresa di Curtis.

O grande industrial, financeiro e filantropo nova-iorquino John Pierpont Morgan apoia o projecto de livro de Curtis.

1907

Se publica el primer volumen de North American Indian; la crítica lo acoge muy favorablemente; sin embargo, las cifras de venta son bastante bajas. A pesar de las constantes dificultades económicas y de la interrupción debida a la guerra, Curtis seguirá trabajando en el proyecto hasta 1930. Con la ayuda de un equipo de colaboradores, visita numerosas tribus, desde la frontera con México hasta el Estrecho de Bering y desde la costa del Pacífico hasta el Mississippi.

Esce il primo volume del North American Indian, lodato dalla critica ma con scarso riscontro nelle vendite. Malgrado le costanti difficoltà finanziarie e le interruzioni provocate dalla guerra, Curtis continua a lavorare al suo progetto fino al 1930. Coadiuvato da una squadra di assistenti, visita numerose tribù indiane in un territorio che va dalla frontiera con il Messico al mare di Bering, dalla costa del Pacifico al Mississippi.

A publicação do primeiro volume do North American Indian é louvado pela crítica. O volume de vendas, no entanto, mantém-se pouco elevado. Apesar das dificuldades financeiras permanentes e de uma interrupção ligada à guerra, Curtis continua a trabalhar no seu projecto até 1930. Com o apoio de uma equipa de colaboradores, visita numerosas tribos índias que vivem entre a fronteira mexicana e o mar de Béringue, e entre a costa do Pacífico e o Mississípi.

1914

Curtis rueda In the Land of the Headhunters (En el país de los cazadores de cabezas), un filme mudo sobre la vida de los indios en la costa noroeste. La película influirá sobre el trabajo de directores más jóvenes con inquietudes etnográficas, como Robert Flaherty.

Curtis gira Nel paese dei cacciatori di teste, un film muto sugli indiani della costa nord-ovest. Questo film sarebbe in seguito servito da modello a registi con un interesse per l'etnografia come Robert Flaherty.

Curtis roda o filme mudo In the Land of the Headhunters (Na Terra dos Caçadores de Cabeças) sobre os índios da costa noroeste. Este filme serviria mais tarde de modelo a realizadores com tendências etnológicas como Robert Flaherty.

1920

Después de su divorcio, Curtis se instala en Los Ángeles, donde se gana la vida haciendo fotofijas para películas y trabajando como director de fotografía en los estudios de Hollywood.

Dopo il divorzio, Curtis si stabilisce a Los Angeles e si guadagna da vivere come fotografo di scena e cameraman per gli studi cinematografici di Hollywood.

Após o divórcio, Curtis instala-se em Los Angeles, onde ganha a vida como operador e fotógrafo de cena para os estúdios de Hollywood.

THE NORTH AMERICAN
INDIAN

por Edward Sheriff Curtis, 20 vol.:
vol. I-V, Cambridge (MA): The
University Press; vol. VI-XX, Nor-
wood (MA): The Plimpton Press,
1907–1930.

1928

Después de un viaje lleno de vicisitudes al Ártico, Curtis concluye los trabajos de exploración para su *The North American Indian*.

Dopo un viaggio movimentato nelle regioni artiche, Curtis conclude le sue ricerche per *The North American Indian*.

Após uma viagem movimentada pelo Árctico, Curtis conclui as suas investigações para a *North American Indian*.

desde 1930

Se publica el volumen XX, el último de *The North American Indian*. Poco después, Curtis se retira, aunque aún seguirá trabajando algunos años en un libro titulado *The Lure of Gold* (El señuelo del oro), que nunca llegará a ver la luz.

Esce il ventesimo e ultimo volume del *North American Indian*. Poco dopo, Curtis si ritira a vita privata, ma per molti anni continuerà a lavorare a un libro dal titolo provvisorio di *The Lure of Gold* (Il richiamo dell'oro), che non verrà mai pubblicato.

Publicação do vigésimo e último volume de *North American Indian*. Curtis retira-se pouco depois para se consagrar à sua vida privada, mas trabalha ainda vários anos num livro intitulado provisoriamente *The Lure of Gold* (O apelo do ouro), que nunca será publicado.

1952

El 19 de octubre, Edward Sheriff Curtis muere en Los Ángeles de un paro cardíaco.

Edward Sheriff Curtis muore il 19 ottobre a Los Angeles in seguito a un attacco cardiaco.

Edward Sheriff Curtis morre a 19 de Outubro em Los Angeles vítima de um ataque cardiaco.

Un retrato de los comienzos del estudio Curtis & Guptil, Seattle, aprox. 1892

Ritratto eseguito agli esordi del Curtis & Guptil Studio, Seattle, 1892 ca.

Retrato dos inícios do Studio Curtis & Guptil, Seattle, cerca de 1892

Mrs. S. E. S. Meany, aprox. 1910
Retrato del estudio de Curtis. La viñeta que sirve de marco se imprimió con un procedimiento fotográfico; no es tridimensional

La signora S. E. S. Meany, 1910 ca. Ritratto dello Studio Curtis. La cornice non è reale, ma è stampata con procedimento fotografico

A Sra. S. E. S. Meany, c. de 1910 Retrato do Studio Curtis. A moldura é impressa por processo fotográfico e não é a três dimensões.

Mujer joven con palmas, aprox. 1920
Un ejemplo del estudio de Curtis en Los Ángeles. Se trata de un «orotone», una fotografía con tonalidad dorada.

Giovane donna con palme, anni Venti.
Un esempio del lavoro dello Studio Curtis di Los Angeles. La fotografia incorniciata, cosiddetta «orotone», è stata stampata nei toni oro

Jovem com palmeiras, c. 1920 Um exemplo do trabalho do Studio Curtis de Los Angeles. Trata-se de uma prova obtida por banho a ouro.

Copyright de las fotografías

Crediti fotografici | Créditos fotográficos

La mayoría de obras que se reproducen en el presente volumen proceden de la obra de Curtis *The North American Indian*, 1907-1930 (se abrevia NAI). Para hacer las reproducciones se empleó la edición completa que se conserva en la Niedersächsische Staats- und Universitätsbibliothek. Las reproducciones que aparecen en los 20 volúmenes de texto de NAI no llevan número ni de página ni de reproducción. En este índice se indica el número de página más cercano a la reproducción; p.ej.: vol. X, p. 56.

Las reproducciones procedentes de las 20 carpetas se abrevian con el nombre de «folio»), de NAI con fotograbados, se identifican indicando el número de volumen y de plancha (se abrevia pl. por «plate»), abreviadamente; p.ej.: NAI folio X, pl. 356.

Para referirnos al material fotográfico proporcionado por el Department of Prints and Photographs de la Biblioteca del Congreso (Washington D. C.) (se abrevia LC) se indica el número del negativo.

El material que se conserva en las bibliotecas de la Universidad de Washington (Seattle) (abreviadamente: UW) se identifica, asimismo, con el número del negativo.

La maggior parte delle illustrazioni che lo corredano provengono dall'opera enciclopedica di Curtis *The North American Indian*, 1907-1930 (d'ora in poi: NAI). Tutte le riproduzioni dal NAI sono state realizzate a partire dall'edizione completa dell'opera (repertoriata come esemplare n. 8) conservata presso la Niedersächsische Staats- und Universitätsbibliothek di Göttingen.

Nei venti volumi del NAI le illustrazioni non presentano nessun tipo di numerazione, né di pagina né di tavola. Le fotografie riprodotte dal NAI saranno quindi identificate dal numero del volume seguito da quello della pagina più vicina alla tavola in questione, p. e.: vol. X, p. 56.

I venti volumi del NAI sono accompagnati da venti portfolio di fotoincisioni. Qui, le foto riprodotte dai portfolio (d'ora in poi: folio) saranno indicate con il numero del volume relativo e il numero della tavola, p. e.: NAI folio X, tav. 356.

I documenti fotografici del Department of Prints and Photographs della Library of Congress di Washington (d'ora in poi: LC) sono designati dal numero del negativo.

Il materiale fotografico proveniente dalla University of Washington Libraries di Seattle (d'ora in poi: UW) è ugualmente designato dal numero del negativo.

Altro materiale fotografico è stato gentilmente fornito dalla Flury and Company Gallery di Seattle (d'ora in poi: Flury), specializzata nella produzione fotografica di Curtis.

A maior parte das ilustrações provêm da obra de Curtis *The North American Indian*, 1907-1930 (abreviado para NAI). As reproduções que figuram no presente volume foram realizadas a partir da edição completa, catalogada com o nffl 8, que se encontra na posse da Niedersächsische Staats- und Universitätsbibliothek de Göttingen. As chapas dos 20 volumes da NAI não têm qualquer paginação, quer sob a forma de números de página ou de ilustração. O número de página que figura no índice das ilustrações é o da página mais próxima da ilustração em questão, ou seja, p. e.: vol. X, p. 56.

No que respeita aos 20 portafólios (abreviado para fólio) de fotogravuras que acompanham os volumes da NAI, são os números do volume e da chapa (pl = chapa) que servem para identificar as ilustrações, ou seja, p. e.: NAI fólio X, pl. 356.

Os documentos fotográficos do departamento dos impressos e das fotografias da Library of Congress de Washington DC (abreviado para LC) são mencionados pelo número do negativo.

O material fotográfico proveniente da University of Washington Libraries de Seatle (abreviado para UW) é também designado pelo número do negativo.

O editor agradece igualmente à Galeria Flury and Company, de Seattle, (abreviado para Flury), especializada na obra de Curtis, que pôs à sua disposição as fotografias.

Mount Rainier, aprox. 1897
Una de las fotos de paisajes, poco
conocidas, de Curtis, que más tarde
imprimió en forma de «orotone»

Monte Rainier, 1897 ca.
Una delle foto di paesaggio meno
note di Curtis, successivamente
stampata come «orotone»

Mount Rainier, cerca de 1897
Uma das paisagens pouco conhecidas de Curtis. O banho a ouro foi
feito posteriormente

Leyendas de la carpeta

Didascalie del portofolio | Legendas do portfolio

Front and back cover:
Escudo blanco • Arikara

© 2001   Taschen GmbH
Hohenzollernring 53, D–50672 Köln
www.taschen.com

Edited by Hans Christian Adam, Göttingen
in collaboration with Ute Kieseyer, Cologne

Design: Lambert und Lambert, Düsseldorf
Cover design: Angelika Taschen, Cologne

Editorial coordination: Kathrin Murr, Cologne
Spanish translation: P. L. Green, Aquisgrán/Madrid
Italian translation: Doriana Comerlati, Milan
Portuguese translation: Teletraduções-Traduções e
Edição de Vídeo, Lda. – Carlos Sousa de Almeida

Printed in Italy
ISBN 3–8228–1327–3 [Spanish]
ISBN 3–8228–1360–5 [Italian]
ISBN 3–8228–1361–3 [Portuguese]

"Buy them all and add some pleasure to your life."

Art Now
Eds. Burkhard Riemschneider,
Uta Grosenick

Art. The 15th Century
Rose-Marie and Rainer Hagen

Art. The 16th Century
Rose-Marie and Rainer Hagen

Atget's Paris
Ed. Hans Christian Adam

Best of Bizarre
Ed. Eric Kroll

Karl Blossfeldt
Ed. Hans Christian Adam

Chairs
Charlotte & Peter Fiell

Classic Rock Covers
Michael Ochs

Description of Egypt
Ed. Gilles Néret

Design of the 20th Century
Charlotte & Peter Fiell

Dessous
Lingerie as Erotic Weapon
Gilles Néret

Encyclopaedia Anatomica
Museo La Specola Florence

Erotica 17th–18th Century
From Rembrandt to Fragonard
Gilles Néret

Erotica 19th Century
From Courbet to Gauguin
Gilles Néret

Erotica 20th Century, Vol. I
From Rodin to Picasso
Gilles Néret

Erotica 20th Century, Vol. II
From Dalí to Crumb
Gilles Néret

The Garden at Eichstätt
Basilius Besler

Indian Style
Ed. Angelika Taschen

Male Nudes
David Leddick

Man Ray
Ed. Manfred Heiting

Native Americans
Edward S. Curtis
Ed. Hans Christian Adam

Paris-Hollywood.
Serge Jacques
Ed. Gilles Néret

20th Century Photography
Museum Ludwig Cologne

Pin-Ups
Ed. Burkhard Riemschneider

Giovanni Battista Piranesi
Luigi Ficacci

Provence Style
Ed. Angelika Taschen

Redouté's Roses
Pierre-Joseph Redouté

Robots and Spaceships
Ed. Teruhisa Kitahara

Eric Stanton
Reunion in Ropes & Other
Stories
Ed. Burkhard Riemschneider

Eric Stanton
The Sexorcist & Other Stories
Ed. Burkhard Riemschneider

Tattoos
Ed. Henk Schiffmacher

Edward Weston
Ed. Manfred Heiting

www.taschen.com

ICONS